LIBERTÉ

DE LA PRESSE!

> Sans la liberté de blâmer, il n'est
> point d'éloge flatteur.
> *Mariage de Figaro*, act. V.

PARIS,

Chez { Le Normant, imprimeur, rue de Seine, n°. 8; Delaunay, Blanchard, Petit, Pélicier, Dentu, } libraires, Palais-Royal.

1814.

LIBERTÉ

DE LA PRESSE!

Lorsqu'il fut question d'établir la direction de l'imprimerie et de la librairie, le gouvernement, que personne ne regrette, ne s'opposa à l'impression d'aucun des projets qui furent présentés. Ce fut même à cette époque que parut le *Mémoire* de M. de Malesherbes *sur la Liberté de la Presse* ; de sorte que, tout en prenant des mesures pour anéantir cette liberté, on en laissoit proclamer les principes. Cette reconnoissance tacite n'est pas le seul titre fourni par Buonaparte lui-même en faveur de l'opinion que je veux défendre : l'article LXIV du sénatus-consulte du 28 floréal an XII, n'établissoit-il pas une commission sénatoriale chargée de *veiller à la liberté de la presse?* Les articles 367 et suivans du Code pénal, décrété en 1810, en déterminant la peine qu'encouroient les auteurs d'écrits nuisibles, n'ont-ils pas consacré de nouveau la liberté de la presse ? Il est permis de penser que des droits reconnus par un gouvernement tyrannique, ne seront pas refusés par un gouvernement paternel.

Eh ! pourquoi n'aurions-nous pas cette liberté que réclament à haute voix tous les hommes honnêtes et purs, qui, sur beaucoup d'autres points, furent de partis opposés? Elle est aujourd'hui, plus que jamais, dans l'intérêt du gouvernement; elle sera utile, plus que jamais, au prince, qu'elle éclairera sur la conduite de ses agens ; au peuple, qu'elle préservera des abus et des vexations arbitraires. Ce sera la plus forte et la seule garantie de la liberté individuelle ; mais il faut que cette liberté de la presse soit entière, absolue : y apporter la moindre restriction, c'est la détruire. Restriction et liberté, sont deux mots qui impliquent contradiction ; pour connoître toute la vérité, il faut laisser le droit de tout dire. C'est ainsi qu'au barreau on laisse, pendant les instructions et instances, imprimer et répandre, sous la signature des avocats, des Mémoires remplis d'invectives grossières, d'accusations affreuses, dont, à la fin de l'affaire, le jugement prononce la suppression comme calomnieux. Ces Mémoires, avec quelque talent qu'ils soient faits et écrits, ont-ils jamais ôté la considération publique à qui la mérite ?

A ceux qui blâment la liberté de la presse, ne peut-on pas répondre : « Comment saurez-» vous que ce qu'on vous dit est la vérité, si » vous ne laissez dire et n'écoutez que ce qui » vous plaît ? »

Cette question importante de la liberté de la presse a été discutée si souvent, qu'il y auroit de la présomption à prétendre dire aujourd'hui quelque chose de nouveau à ce sujet ; mais ce qui est bon ne sauroit être trop répété. D'ailleurs, les mêmes raisons présentées dans d'autres termes et dans un autre ordre, frappent des esprits que n'avoient pas émus des termes et un ordre meilleurs.

On parle des abus de cette liberté de la presse ! Mais, en la restreignant, on n'évite pas les abus, et l'on se prive de ses avantages.

Sous aucun gouvernement on n'a pu empêcher les impressions clandestines ; et on ne le pourra sous aucun, puisque la tyrannie napoléonienne n'a pu en venir à bout. N'avons-nous pas vu , sous le règne de Buonaparte , sortir des presses françaises , *l'Oraison funèbre du duc d'Enghien*, la *Déclaration de don Cevallos*, la *Correspondance de la Cour de Rome*, etc.? et cependant il y avoit une police inquisitoriale , et une direction de la librairie qui étoit alors encore plus vexatoire (1). Veut-on des faits plus récens? en voici un : la direction de l'imprimerie , à qui un libraire demanda en octobre 1813 la permission de réimprimer un ouvrage en plusieurs volumes, refusa cette permission. Eh bien! avant le 15 novembre , les huit volumes étoient non-seulement imprimés , mais circuloient dans toute la France ; et les magasins de libraires se trouvèrent , comme par miracle , fournis d'un livre que l'on avoit cherché vainement pendant plusieurs années. Tout le monde a vu , dans le mois de février dernier, la proclamation qui, à plusieurs reprises , a été répandue dans toutes les boutiques de tous les quartiers de Paris; les

______

(1) J'en appelle à tous les imprimeurs de Paris ; tous regrettoient le temps où ils étoient sous la surveillance de la police : et , en effet , cette autorité , en général si odieuse, n'appesantissoit du moins son sceptre de fer que sur le petit nombre d'imprimeurs qui , par leur imprudence ou leur franchise , avoient appelé son attention, tandis que la direction vexoit également, et outre mesuré , tous ceux qui lui étoient soumis.

(7)

exemplaires étoient encore tout humides, ce qui
prouve que, supposé qu'ils ne fussent pas sortis
des presses de la capitale, du moins c'étoit d'un
atelier peu éloigné.

Si telle étoit la situation des choses à Paris,
le centre de la vigilance, que devoit-ce être
dans les départemens? En effet, à Rome, les
proclamations des ennemis de Buonaparte n'ont
cessé un instant de circuler; et lorsque la police,
instruite tardivement de l'existence de ces pamphlets, saisissoit les exemplaires fatigués et usés
qu'elle pouvoit se procurer, un nouveau pam-
phlet avoit déjà été mis au jour.

La police fit saisir à Paris en 1808 toute l'édition de *Louis XVI et ses Vertus aux prises avec
la Perversité de son siècle*, en cinq volumes in-8°.
M. l'abbé Proyart, auteur du livre, fut empri-
sonné, puis exilé, et mourut dans son exil. Il
étoit échappé quelques exemplaires de son ouvrage; c'étoit plus qu'il n'en falloit : on fit une
nouvelle édition, en quatre tomes seulement, de
Louis XVI et ses Vertus, et l'on mit en tête du
premier une notice sur la vie et les ouvrages de
l'auteur. Ces différences entre la réimpression
et la première édition devoient appeler l'attention de la police; elles ont dû occasionner des
recherches!! Le débit n'en a souffert aucune

atteinte ; et cette réimpression étoit presq
épuisée lors de la chute de Buonaparte.

Je suis loin de citer tous les exemples q
sont venus à ma connoissance. Et que l'on
croie pas que les ouvrages qu'il étoit défendu
dangereux de répandre, fussent à un prix exo
bitant, et qu'ils se trouvassent ainsi à la port
d'un moindre nombre de personnes ! l'augme
tation dans les prix n'étoit pas considérable
l'œuvre de l'abbé Proyart, qui ne devoit
vendre que 25 fr., avoit été porté à 3o f
Quant à la Correspondance du Pape, dans
premier moment, les libraires en obtenoient 12 f.
mais peu de jours après ils les laissoient à 6 f
Pour ce dernier ouvrage cependant, on sait e
l'on savoit alors quelles persécutions s'exerçoient

La *Biographie moderne*, 4 vol. in-8°., ayan
été saisie en partie, et le propriétaire, pour s
dédommager, ayant voulu par trop augmente
le prix des exemplaires qui lui restoient, un
libraire des départemens n'hésita pas à faire
une réimpression qu'il donnoit au prix des ouvrages permis. Il en résulta quelque tort pour
le propriétaire, à cause de la concurrence, d'au-
tant plus qu'il ne pouvoit intenter une action
pour cet objet devant les tribunaux : aussi la
contrefaçon est-elle épuisée depuis long-temps,

et l'on peut encore se procurer des exemplaires de l'édition originale.

J'ai vu des personnes à qui l'on n'osoit procurer un exemplaire des brochures prohibées, prendre la peine de les copier, et en graver ainsi dans leur mémoire les traits les plus saillans qu'elles alloient débitant dans les sociétés, tandis que leur copie circuloit dans Paris, et devenoit l'original de beaucoup de manuscrits. Il est à croire que des personnes qui n'avoient vu que des manuscrits, mettoient l'ouvrage sous presse, et voilà que les éditions se multiplioient.

De ce qu'il y avoit des ouvrages défendus, les pamphlétaires donnoient aussi leurs libelles pour ouvrages défendus ; et comme la persécution, ou seulement son apparence, excite toujours l'intérêt, ces libelles, quoiqu'anonymes, obtenoient toujours du crédit (1).

---

(1) La prohibition d'un livre étoit tellement un titre de recommandation qu'on a vu des libraires solliciter et obtenir la saisie de quelque ouvrage qu'ils publioient. Lorsqu'ils ne pouvoient obtenir cette faveur, ils répandoient eux-mêmes le bruit de l'enlèvement de leur édition, puis en faisant petit à petit reparoître quelques exemplaires, ils parvenoient à épuiser un livre qui auroit pourri dans leurs magasins.

Il arrivoit quelquefois qu'une saisie véritable ne produisoit aucun effet favorable à l'ouvrage. Ainsi, l'*Histoire du Siège de Lyon* (1797, 2 vol. in-8º.), malgré la saisie qui en fut faite, ne changea pas un instant de prix, et n'est pas encore épuisée :

Pouvoit-on se vanter d'avoir évité les abus de la liberté de la presse, et jouissoit-on de ses avantages, quand on voyoit le malveillant trouver toujours le moyen de faire entendre sa voix, et quand l'homme honnête et tranquille ne pouvoit ou n'osoit élever la sienne?

On redoute les effets que les écrits produiront sur l'opinion publique. A-t-on déjà oublié l'effet qu'ont produit les journaux de Buonaparte? Ils nous trompoient sur beaucoup de faits; mais, qu'y gagnoit l'autorité? Comprimer l'opinion, c'est se l'aliéner. Si jamais souverain a été loué par les journalistes et par les hommes de lettres (1), c'est Buonaparte; il étoit proclamé le prince bon, grand, humain, généreux par excellence; il étoit le bienfaiteur et l'idole de son peuple, et il méritoit de l'être. Ces belles phrases et beaucoup d'autres ne lui ont pas gagné un cœur; et le monarque qui aura été le plus loué, se trouvera précisément celui qui étoit le plus exécré.

Mais il est des choses plus nuisibles que les pamphlets imprimés : ce sont les épigrammes, les quolibets, les calembourgs, les couplets, qui volent de

---

ce n'est cependant pas le défaut d'intérêt du sujet. Quelle en peut donc être la cause? Je l'ignore.

(1) Il faut en excepter MM. Delille, Ducis.....

bouche en bouche avec la rapidité de la pensée.
On sait combien il en a été fait sous le règne
qui vient de finir. Pas un événement n'a échappé
à la malignité publique (1). Quelques personnes

---

(1) On se rappellera sans doute la chute que Buonaparte fit
du haut d'une calèche, il y a une douzaine d'années, à Saint-
Cloud. Voici l'épigramme qui circula à cette occasion :

> N'a pas long-temps, qu'allant je ne sais où,
> Le demi-dieu du grand siècle où nous sommes,
> Moins bon cocher des chevaux que des hommes,
> Faillit, dit-on, à se casser le cou.
> Mal advenoit au moderne Hyppolite,
> Si bien à point il n'avoit fait le saut.
> Napoléon, c'est un avis d'en haut :
> Chute s'en suit lorsque l'on va trop vite.

Ce fut peu de temps après un assassinat commis en violation
de tous les droits, que Buonaparte se fit proclamer empereur.
Il écrivit aux archevêques et évêques de France, pour les invi-
ter à faire chanter un *Te Deum* pour son élévation ; et, pour la
première fois, il les appela *mon cousin*. Voici comment cette
lettre fut mise en chanson :

Air : Mon cousin l'Allure.

> Je suis prince sanguin,
>   Mon cousin,
> On en a preuve sûre ;
> Prince du sang d'Enghien,
>   Mon cousin,
> Oh ! la bonne aventure,
>   Mon cousin !
> Car personne n'en murmure,
>   Mon cousin ;
> Non, personne n'en murmure.

avoient commencé à recueillir tous ces propos ;
elles ont été obligées d'y renoncer ; mais ce n'est
pas la peur qui leur a fait tomber la plume des
mains : c'est la lassitude (1). On ne pouvoit suf-
fire à écrire toutes les plaisanteries, plus redou-
tables en France que les écrits qu'on vouloit

Qu'un *Te Deum* demain,
    Mon cousin,
Puisque ma place est sûre,
Se chante au grand lutrin,
    Mon cousin,
Pour ma bonne aventure,
    Mon cousin :
Car personne n'en murmure,
    Mon cousin ;
Non, personne n'en murmure.

On n'est pas à la fin,
    Mon cousin :
De sang, je vous l'assure,
Je prétends prendre un bain,
    Mon cousin.
Je suis doux par nature,
    Mon cousin ;
Que personne n'en murmure,
    Mon cousin,
Que personne n'en murmure.

(1) Dans ces cas extraordinaires de tyrannie, l'homme obs-
cur peut tout préparer pour le moment de la chute du tyran.
Il n'a qu'à affecter la plus grande indifférence, vivre seul, et
ne confier son projet à âme qui vive. Il faut qu'il se borne à
recueillir ; mais qu'il se prive momentanément du plaisir de faire
circuler ce qui lui paroit intéressant.

prévenir : en sorte que, malgré toute la bonne volonté, le gouvernement ne pouvoit se mettre à l'abri que de la moindre partie de ce qu'il craignoit ; et toutes ses mesures et ses précautions étoient sans effet, ou ne remplissoient qu'une partie du but où il auroit voulu atteindre.

Ce n'est donc pas à empêcher les impressions clandestines (puisqu'on n'y peut parvenir), mais à détruire l'effet de ces impressions que l'on doit s'attacher. Or, la liberté absolue de la presse peut seule en donner le moyen.

Il est impossible d'assigner des limites fixes à cette liberté. Les instructions ne peuvent être que vagues et laisser beaucoup à l'arbitraire ; dès lors, à quoi sert une loi qui nous rejette précisément dans ce qu'elle est faite pour prévenir ? Eh ! quel sera l'interprète de cette loi ? un censeur, c'est-à-dire, un homme sujet à passions et à préjugés comme un autre homme ; qui, craignant de perdre sa place s'il dépasse la ligne imperceptible qui aura été tracée, restera toujours de beaucoup en deçà. Un seul homme prononçant au hasard que la vérité est calomnie, protégera ainsi les méchans contre les bons, et étouffera la voix de l'opprimé.

Mais ce censeur, homme à passions, qui se trouvera érigé en tribunal, croira étendre son domaine en rétrécissant celui de la pensée ; ce censeur se croira la première des puissances, et au-dessus même de l'autorité qui l'aura nommé. J'ai entendu un censeur sous Buonaparte, s'écrier dans l'ivresse de sa joie : *Nous sommes les empereurs de la pensée.*

Ce censeur, homme à préjugés, est aussi sujet à erreur. Quand il en aura commis une, sur qui pèsera la responsabilité de l'écrit où elle se trouvera ? Sera-ce sur l'auteur ? la censure est donc inutile ? Sera-ce sur le censeur ! mais il sera puni d'une faute qui n'est pas la sienne. Dans la législation des douanes du royaume, on ne punit que le commis infidèle : sera-t-on plus sévère pour le commis à la douane de la pensée ?

Il faut souffrir ce qu'on ne peut empêcher. Malgré les ordonnances sur les armes à feu, ce n'est jamais faute d'instrument qu'un assassinat a manqué. Chacun est responsable de ses actions ; que chacun le soit de ses écrits. A cet effet, que l'auteur soit obligé de mettre son nom en toutes lettres sur chaque exemplaire ; que l'imprimeur y mette aussi le sien, et qu'il soit responsable de la réalité et de la sincérité du nom de l'auteur. On n'imprimera plus pour des inconnus, du moins quand il s'agira de matières délicates. Le mal ne sera pas grand.

Comme cependant il est des auteurs qui par modestie, ou toute autre raison, ne veulent pas se nommer au public, qu'une direction, administration, commission (n'importe le titre), soit chargée d'autoriser la publication des ouvrages anonymes; mais que cette direction puisse permettre et non défendre; c'est-à-dire, que dans le cas où elle ne jugeroit pas à propos de laisser publier l'ouvrage sans nom d'auteur, l'auteur ait toujours la faculté de faire imprimer son livre en y mettant son nom.

Dans les ouvrages anonymes, le numéro de l'autorisation remplaceroit le nom de l'auteur.

Cet examen n'entraîneroit aucun retard; car comme il s'agiroit de mettre ou de ne pas mettre son nom, qui empêcheroit l'auteur, décidé à l'impression, de la faire commencer le jour même qu'il remettroit son manuscrit à la commission? Si elle tardoit trop à donner son avis, il en seroit quitte, à toute extrémité, pour mettre son nom à son livre.

La permission accordée par la direction, ne nuiroit en rien aux droits que des tiers pourroient avoir contre les auteurs ou imprimeurs, en raison d'un ouvrage anonyme. La loi est là, qui prononce la peine; et certes, sur ce point, la loi est assez sévère. Je crois qu'il est bon d'en rappeler le texte; le voici :

Art. 367. Sera coupable du délit de calomnie, celui qui, soit dans des lieux ou réunions publiques, soit dans un acte authentique et public, soit dans un écrit *imprimé* ou non qui aura été affiché, vendu ou distribué, aura imputé à un individu quelconque des faits qui, s'ils existoient, exposeroient celui contre lequels ils sont articulés à des poursuites criminelles ou correctionnelles, *ou même l'exposeroient seulement au mépris ou à la haine des citoyens.*

La présente disposition n'est point applicable aux faits dont la loi autorise la publicité, ni à ceux que l'auteur de l'imputation étoit, par la nature de ses fonctions ou de ses devoirs, obligé de révéler ou de réprimer.

368. Est réputée fausse, toute imputation à l'appui de laquelle la preuve légale n'est point rapportée. En conséquence, l'auteur de l'imputation ne sera pas admis, pour sa défense, à demander que la preuve en soit faite : il ne pourra pas non plus alléguer comme moyen d'excuse que les pièces ou les faits sont notoires, ou que les imputations qui donnent lieu à la poursuite sont copiées ou extraites de papiers étrangers, ou d'autres écrits *imprimés.*

369. Les calomnies mises au jour par la voie de papiers étrangers pourront être poursuivies contre ceux qui auront envoyé les articles ou donné l'ordre de les insérer, ou contribué à l'introduction ou à la distribution de ces papiers en France.

370. Lorsque le fait imputé sera légalement prouvé vrai, l'auteur de l'imputation sera à l'abri de toute peine.

Ne sera considérée comme preuve légale que celle qui résultera d'un jugement, ou de tout autre acte authentique.

371. Lorsque la preuve légale ne sera pas rapportée, le calomniateur sera puni des peines suivantes :

Si le fait imputé est de nature à mériter la peine de mort, les travaux forcés à perpétuité ou la déportation, le coupable sera puni d'un emprisonnement de deux à cinq ans, et d'une amende de deux cents francs à cinq mille francs.

Dans tous les autres cas, l'emprisonnement sera d'un mois à six mois, et l'amende de cinquante francs à deux mille francs.

372. Lorsque les faits imputés seront punissables suivant la loi, et que l'auteur de l'imputation les aura dénoncés, il sera, durant l'instruction sur ces faits, sursis à la poursuite et au jugement du délit de calomnie.

373. Quiconque aura fait par écrit une dénonciation calomnieuse contre un ou plusieurs individus, aux officiers de justice ou de police administrative ou judiciaire, sera puni d'un emprisonnement d'un mois à un an, et d'une amende de cent francs à trois mille francs.

374. Dans tous les cas, le calomniateur sera, à compter du jour où il aura subi sa peine, interdit pendant cinq ans au moins, et dix ans au plus, des droits mentionnés en l'article 42 du présent Code.

375. Quant aux injures ou aux expressions outrageantes qui ne renfermeroient l'imputation d'aucun fait précis,

mais celle d'un vice déterminé, si elles ont été proférées dans des lieux ou réunions publiques, ou insérées dans des écrits *imprimés* ou non, qui auroient été répandus et distribués, la peine sera une amende de seize francs à cinq cents francs.

376. Toutes autres injures ou expressions outrageantes qui n'auront pas eu ce double caractère de gravité et de publicité, ne donneront lieu qu'à des peines de simple police.

377. A l'égard des imputations et des injures qui seroient contenus dans les écrits relatifs à la défense des parties, ou dans les plaidoyers, les juges saisis de la contestation pourront, en jugeant la cause, ou prononcer la suppression des injures ou des écrits injurieux, ou faire des injonctions aux auteurs du délit, ou les suspendre de leurs fonctions, et statuer sur les dommages-intérêts.

La durée de cette suspension ne pourra excéder six mois : en cas de récidive, elle sera d'un an au moins, et de cinq ans au plus.

Si les injures ou écrits injurieux portent le caractère de calomnie grave, et que les juges saisis de la contestation ne puissent connoître du délit, ils ne pourront prononcer contre les prévenus qu'une suspension provisoire de leurs fonctions, et les renverront, pour le jugement du délit, devant les juges compétens.

Telle est la loi : or, quand il n'y a pas de liberté de la presse, il ne faut pas que la législation prononce des peines contre les écrits ca-

Iomnieux. Annoncer que l'on ôte les moyens de commettre le crime, et porter des peines contre ce crime, c'est reconnoître qu'on a pris des mesures inutiles, c'est proclamer soi-même son impuissance.

Il est donc de l'honneur du gouvernement de ne point apporter d'entraves, de ne pas mettre de restrictions à la liberté de la presse ; mais ici comme en tout autre chose, les *précautions* (c'est le mot de Louis XVIII), sont commandées : or, celles que j'indique me paroissent suffisantes.

Beaucoup de personnes veulent des libelles et des pamphlets ; quelques-unes même aiment à en faire, mais personne ne veut passer pour libelliste, pour pamphlétaire ; et quand il s'agira de signer les injures qu'on aura écrites, on y réfléchira plus d'une fois. Que si on avoit recours aux impressions clandestines (ce qui ne peut jamais s'éviter), du moins l'opinion est là pour en faire justice. Quelle foi ajoute-t-on à une lettre anonyme ?

Jusqu'à présent, c'est parce qu'il y a eu des prohibitions que l'abus a produit quelque effet : *Sublatâ causâ tollitur effectus.* Quand tout sera permis, pourvu qu'on signe, la malveillance, la méchanceté, seront sans recommandation aux yeux du public, et se détruiront elles - mêmes. Ne pas signer ce qu'on dit, n'est-ce pas le désavouer ?

Je sais que, pendant quelque temps du moins, cette liberté produira un nombre considérable de brochures ; mais d'abord plus il y en aura, et moins l'effet que l'on paroit redouter de voir chacun dire son avis sera grand. Les gens qui pensent par autrui ne sauront auquel entendre, et n'en penseront pas plus. Le temps viendra bientôt instruire les libraires à leurs dépens ; ils n'imprimeront plus, quand ils n'auront plus espoir de vendre. En permettant tout sous la responsabilité demandée, on n'aura pas un bon ouvrage de moins, et l'on court la chance d'en avoir quelques-uns de plus. Les opinions dangereuses cesseront d'être à redouter ; la publicité qu'on leur permettra donnera les moyens de les réfuter avant qu'elles aient des partisans : tout connoître est encore le moyen de tout réfuter.

Il n'est pas besoin de dire que tout ce qui ne porteroit pas le nom de l'auteur ou le numéro de l'autorisation de la direction, seroit saisissable et saisi. Ce seroit l'affaire de la police, et non celle des tribunaux, qui ne peuvent sévir que contre les individus.

Les lois les plus simples sont les meilleures.

Il me semble que, dans l'acte constitutionnel, trois ou quatre articles seroient suffisans pour consacrer la liberté de la presse, telle que je la réclame.

Quant à la propriété des auteurs, aux réglemens pour les imprimeurs, etc., etc., etc., etc.; à la manière de prévenir les contrefaçons, etc., cela regarde l'administration, et doit être l'objet d'une loi; et l'exécution de cette loi, ou la surveillance de tous ces objets, peut être remise à cette même direction ou commission chargée déjà des livres anonymes.

Il m'avoit paru piquant de donner moi-même un exemple de la facilité que l'on a de se faire imprimer à l'insçu de l'autorité. En conséquence j'avois fait imprimer et distribuer, sans nom d'auteur ni d'imprimeur, les premiers exemplaires de cet opuscule; mais il me paroît plus convenable de le signer, et je le fais quoique j'eusse préféré ne pas y mettre mon nom.

A. J. Q. BEUCHOT.

Mai 1814.